Vanessa Torres

Miniaturas

Miniatures

Prólogo / Foreword: Yrene Santos

Engish Translation: Octavio Quintanilla

artepoética press

Nueva York
2020

Colección
Rambla de Mar

Miniaturas / Miniatures

ISBN-13: 978-1-940075-86-0
ISBN-10: 1-940075-86-6

Design: © Carlos Velásquez Torres
Cover & Image: © Jhon Aguasaco
Editor in chief: Carlos Velásquez Torres
E-mail: carlos@artepoetica.com
Mail: 38-38 215 Place, Bayside, NY 11361, USA.

Vanessa Torres

Miniaturas
Miniatures

Colección
Rambla de Mar

Contenido

Sustantivos en Miniaturas de Vanessa Torres

Si llega la oscuridad el lápiz se detiene, entonces otros caminos son los que se cruzan, y entre esos caminos nacen o se recrean pensamientos, llantos, silencios, gritos…y cuando digo "gritos" no quiero decir solamente: lágrimas, penas, enojo, sino también: libertad, esperanza, satisfacción, plenitud, y asi podría continuar haciendo una lista interminable de sustantivos que viven día a día en casa ser humano.

En mis manos ha caído un árbol desnombrado por sus múltiples colores y geometría; por sus laberintos y su luminosidad. Vanessa Torres, escritora y profesora colombiana, residente en los Estados Unidos ha puesto frente a mis ojos su poesía. Una poesía hecha de pequeñas casas pero con espacios grandes para almacenar la vida y sus tropiezos, con sus atardeceres y amaneceres claros, turbios y oscuros.

Que donde se habite sea grande no significa que se es feliz. Que lo que se escribe sea extenso no se traduce a bueno, a malo o a extraordinario. Así como tampoco, vivir en un espacio pequeño no quiere decir que se esté triste. Que lo que se edifica con la palabra sea breve o brevísimo posea una mínima calidad, o que no se tiene más para dar, o que sean grandiosos.

Para escribir se necesita que algo vuele, camine, baile y tiemble en los caminos de la piel y detrás de ella, adentro de una misma: un pájaro, un frío, una ola, una flecha, un toque, un rasguño. En esta ocasión Vanessa Torres nos ofrece Miniaturas, un libro de poemas donde nos deja saber su visión de la existencia, su lucha constante y cómo la ejecuta, su sentir sobre la miseria, ventura y generosidad en este mundo y este tiempo que le ha tocado vivir. "Hay un universo" "hecho de lo pequeño" que habita breve en los sueños" "como una llave" una puerta" "un ojo." Con esta primera afirmación ella empieza a construir su casa que dividirá en tres cuartos: "Silencio", "Invención" y "Alguien", así los ha identificado individualmente, para cuando sea visitada se sepa con certeza donde se encuentra en cada momento.

En el primero, habitan veinte poemas donde medita sobre el placer que le provoca el acto de escribir y escribir allí es un canto, una invitación a no perder la esperanza, aunque haya resequedad en labios que arden por la sed y el miedo: "Hay labios que estremecen" "la delicadeza" " y el aliento del cielo". (página 26).

La esperanza y su muerte se debaten en "Invención", su segundo cuarto. En estos quince poemas se pelea para mantener la ilusión, la confianza, el optimismo; pero como una sombra gigante siempre se erigen laberintos para perturbar el ritmo de los días: "Cuantas víctimas del progreso" "de la imaginación deshabitada" "mueren de sed" "la memoria y la ternura" (página 62).

En los veinte poemas del tercer cuarto, "Alguien", conocemos la mujer en su intimidad, en la plenitud del sentir: "En la noche" "cuando viaja otra alma" "dentro de mi cuerpo" "cava" "ensancha un misterio" (página 104).

En Miniaturas, casi doscientos versos escritos con precisión, se han levantado sujetos a sustantivos convirtiendo esta casa en un lugar, adonde se debe llegar en busca de opciones para salir adelante, para no quedar atrapados en el temor y la impotencia, en el pasado o la ceguera hacia el futuro. Vanessa Torres escribe en las madrugadas; (eso me ha hecho pensar y eso deseo creer): Rocío. gota, agua, canto, aleteo, amanecer, sol…: "Yo escogí contemplar la madrugada" "escuchar el mundo que aún entre la guerra danza" "escogí tocar en puntillas las huellas del cielo" (página 42). La poeta escribe y dibuja con sus manos todas las estaciones después de la medianoche. La rosa de los vientos se encarga de guiarla, llevándola de viaje por ese universo que ella ha elegido vivir. La poeta hace un llamado a la humanidad, diciéndole que a pesar de los caminos oscuros que la cerquen, siempre habrá un amanecer nuevo que le permitirá continuar.

Yrene Santos
New York, 2020

Nouns in the book Miniatures written by Vanessa Torres

If darkness comes, pencil stops, then other paths open up, cross and among them thoughts, cries and silences are born or recreated. And when I say "cries" I don't mean only tears, sorrow, anger, but also hope, satisfaction, fulfillment. And so I can continue to create endless lists of nouns that live day by day in the house of the human being.

In my hands a tree has fallen, indescribable in its numerous colors and geometry, for its labyrinths and its luminosity. Vanessa Torres, a Colombian writer and teacher living in the United States, places her poetry before my eyes. A poetry of small houses with large interiors to store life with all of its flaws, its bright dawns and its sunsets, cloudy and obscure.

Just because you live in a big home doesn't mean it is making you happy. Writing something long does not translate into good, bad or extraordinary. Nor does living in a small space mean that you are sad. That what is built with the word brief or very brief has a slight quality or that there is nothing left to give, or that it is great.

In order to write, something needs to fly, walk, dance and tremble in the ways of the skin and behind it, within it: a bird, a breeze, a wave, an arrow, a touch, a scratch. On this occasion Vanessa Torres offers us Miniatures, a book of poems where she lets us know her vision of existence, her constant struggle and how she lives it, her feeling about misery, happiness and generosity in this world and the time that she has had to live. "There is a universe" "made of the small" "that inhabits dreams briefly" "like a key" "a door" "an eye." With this first statement she begins to build her house which she will divide into three rooms: "Silence", "Invention" and "Someone", thus she has identified them individually, so that when she is visited she knows for sure where she is at each moment.

In the first room, there are twenty poems where she meditates on the pleasure that the act of writing gives her and where writing is a song, an invitation not to lose hope, even if there is dryness on the lips that burn with thirst and fear: "There are lips that make" "the delicacy" "and the breath of heaven, shiver". (page 26)

Hope and the death of hope, are discussed in "Invention", her second room. In these fifteen poems we fight to maintain illusion, confidence and optimism; but like a giant shadow, mazes are always constructed to disturb the rhythm of the days: "So many victims of progress" "uninhabited imagination", "memory and tenderness" "die of thirst" (page 62).

In Miniatures, almost two hundred verses written with precision, she has raised subjects to nouns, turning this house into a place where one must go in search of ways to get ahead, so as not to be trapped in fear and impotence, in the past or blindness towards the future. Vanessa Torres writes in the early morning (that is what I think and I want to believe): Dew, drop, water, song, flutter, dawn, sun...: "I chose to contemplate the dawn" "to listen to the world that even between the war dances" "I chose to touch on tiptoe the footprints of the sky" (page 42). The poet writes and draws with her hands all the seasons after midnight. The compass guides her, taking her on a journey through the universe she has chosen to live in. The poet appeals to humanity, telling it that despite the dark roads that surround it, there will always be a new dawn that will allow it to continue.

Yrene Santos
New York 2020

Miniaturas

Miniatures

Hay un universo
hecho de lo pequeño
que habita breve en los sueños
como una llave
una puerta
un ojo

There is a universe
made of small things
that live briefly in dreams
a key
a door
an eye

Silencio

Cuando no quiera el otoño
no quiera la luz
entre mis papeles arderá la esperanza

Silence

When autumn's unwilling
and unwilling the light
hope will burn between these lines

1

Un pájaro escribe
dentro de mi alma
canta cuando cae el rocío

1

A bird writes
inside my soul
sings when the dew falls

2

En la mañana
una sola gota
las palabras respiran
caen como un lejano aleteo de madrugada

2

In the morning
a single raindrop
words breathe
fall like a distant morning flutter

3

Después del largo insomnio
una luna crece entre las sombras
una sonrisa
en el agua

3

After insomnia
a moon grows among shadows
a smile
in the water

4

Un niño camina sobre fronteras de agua
¿Quién está más sedienta?
¿La frontera o aquel niño?

4

A child walks on borders of water
Who thirsts more?
The border or the child?

5

Una niña devora el silencio
un rasguño indeleble

5

A girl devours silence
indelible scratch

6

Hablan de perder la primavera
nosotros forasteros recogemos poemas
que calientan la memoria

6

They talk about losing spring
we outsiders pick up poems
that warm our memory

7

El viajero sueña horas cubiertas de crepúsculo
el viajero lleva en la memoria y en su medio día
un concierto de horizontes

7

The traveler dreams of hours covered in twilight
He carries in his longing and carries in his midday
a concert of horizons

8

Hay labios que estremecen
la delicadeza
y el aliento del cielo

8

There are lips that make
the delicacy and the breath
of heaven
shiver

9

Las manos de barro
ebrias de ternura
acarician el sol
dan vida a una mariposa inerte

9

Hands made of clay
drunk with tenderness
caress the sun
give life
to the inert butterfly

10

Si dejo de observar
de respirar la tierra
se vacían los días y mis palabras

10

If I stop observing
stop breathing the earth
my words and days will empty themselves

11

Alimenta el instinto
que se abra a la quietud
a la poesía que invade la majestad del silencio

11

Feed the instinct
let it open to stillness
to the poetry that invades
the majesty of silence

12

El camino se repite hasta la fuente
para armonizar el silencio
la palabra *sombra*
oculta el sol de medianoche

12

The road repeats itself to reach its source
to harmonize silence
the word *shadow* hides
the midnight sun

13

Las luciérnagas llevan el camino
del crepúsculo a la noche
hay libélulas abrazando al sol

13

Fireflies take to the road
from twilight to night
there are dragonflies
hugging the sun

14

Cuando la melancolía te atrape
 recuerda
miles de estrellas esperan
cierra los ojos a la muerte

14

When melancholy catches you
remember
thousands of stars await you
close your eyes against death

15

Al imaginar
vuelo entre ráfagas de sueño
canta la vida y la locura al alba

15

In daydream
flight between gusts of sleep
life and madness sing at dawn

16

Yo escogí contemplar la madrugada
escuchar el mundo que aún entre la guerra danza
escogí tocar en puntillas las huellas del cielo

16

I chose to contemplate the early morning
listen to the world that dances despite war
I chose to touch heaven's footprints on tiptoe

17

Lavar nuestras huellas
no borra pedazos de cielo
sepultados entre las uñas y el corazón

17

Washing our fingerprints
does not erase the pieces of heaven
buried between our fingernails and heart

18

En este papel arden las manos
y el vientre dormido
en este papel

18

On this paper hands burn
and also the belly asleep
on this paper

19

Que se escurran las voces
en la brisa y el silencio de los abrazos
que llegue la noche y su inmensa primavera

19

Let the voices drip
in the breeze and in the quiet embraces
may night arrive in its immense spring

20

Cada poema regala una memoria discreta
una ceremonia y una herida
una vida conjurada

20

Each poem is a discrete memory
a ceremony and a wound
a conjured life

Invención

Un mundo ojo
me desnuda
bajo mi piel llueve una clave vital

Invention

An eye-world
undresses me
under my skin a vital code rains

1

Para que el poema sea dardo sobre la realidad
olvido mi voz de invierno
toco las nubes del ensueño

1

For the poem to dart into reality
I forget my winter voice
I touch the clouds of daydreams

2

Ensancha el horizonte
la audacia no admite sensatez
queda prohibida toda receta salvación

2

When it widens the horizon
audacity does not admit good sense
forbidden any recipe for salvation

3

En nuestra noche de muerte
un colibrí
su aleteo convoca los ancestros
a levantarnos del presente

3

On our night of death
a hummingbird
its wingbeats summon ancestors
to rise from the present

4

El anochecer de la razón
ataca por igual pusilánimes
puritanos e idiotas condescendientes

4

The dusk of reason
attacks equally pusillanimous
puritans and condescending idiots

5

Cuantas victimas del progreso
de la imaginación deshabitada
mueren de sed
la memoria y la ternura

5

So many victims of progress
uninhabited imagination
memory and tenderness
die of thirst

6

Al filo del abismo
el mendigo nos avisa de la fiebre
y del hambre real

6

At the edge of the abyss
the beggar warns us of fever
and of real hunger

7

Entre los olvidados
un pájaro canta
una sombra aún sueña bajo el hielo

7

Among the forgotten
a bird sings
a shadow still dreams under the ice

8

Aún bajo un huracán
y al filo de la guerra
algunos pueden conciliar el sueño

8

Even in a hurricane
and at the edge of war
some still fall asleep

9

Con una rosa y un mapa
se encienden los cielos
para muchos
nunca llega la primavera

9

With a rose and a map
the heavens are lit
for many
spring never comes

10

No te duermas
entre las ramas de la hiedra
el invierno con tu rostro y sin aviso
llega

10

Do not sleep
among the branches of the ivy
winter with your face and without warning
arrives

11

En el crepúsculo
una ciudad abandonada
entre sus mariposas
y su danza de muertos
aún podemos ver amanecer

11

In the twilight
a lost city
between its butterflies
and its death dance
we still see a sunrise

12

Guardar palabras como dinamita
soltarlas sobre el mundo
un poema surge como polvo de realidad

12

To keep words as if they were dynamite
to let them loose upon the world
a poem emerges as dust

13

Los versos en destierro
tratando de vivir a la intemperie
mueren ignorados

13

Verses in exile
trying to live in the open fields
die ignored

14

Saltaré por encima de los muros del mundo
en verbos prestados
escribiré entre sus murallas
una nueva geografía

14

I will jump over the walls of the world
in borrowed verbs
will write between its walls
a new geography

15

Llevo una rosa de los vientos entre los zapatos
y una foto del amanecer
para calentarme la esperanza

15

I carry a compass rose in my shoes
and a photo of the sunrise
to keep the cold at bay

Alguien

*La intimidad
miniatura de piel
aliento en la memoria*

Someone

*Intimacy
Skin's miniature
breath in memory*

1

Una mujer dibuja la noche
entre sus manos arden
las estrellas del mar

1

A woman draws the night
in her hands the sea's stars
burn

2

Alguien alarga la mano
retiene la noche
sus muros son piel entre laberintos

2

Someone reaches out
holds back the night
its walls are the skin of labyrinths

3

Antes de la noche
olvido tu voz
grabada de invierno a otoño
olvida mi nombre

3

Before nightfall
I forget your voice
recorded from winter to autumn
forget my name

4

Sobre la arena
el beso retiene la luna
la lluvia
la respiración

4

On the sand
a kiss retains the moon
rain retains
our breathing

5

Calienta las nubes con las manos
el fuego da vida a las libélulas
y a la última satisfacción del sueño

5

Warm up the clouds with your hands
fire gives life to dragonflies
and to a dream's final delight

6

La quietud enciende el beso
al cruzar la oscuridad
muda el destino

6

Stillness lights a kiss
crossing the darkness
it changes destiny

7

Al interior de una mirada
la lucidez y el movimiento
unen los sueños a la boca

7

Inside a gaze
lucidity and movement
brings dreams closer
to the mouth

8

Porque tú eres mi boca
en tierra húmeda
cerca de las nubes y del miedo
derramo agua sobre las cenizas del amor

8

Because you are my mouth
in humid earth
near the clouds, near this fear
I spill water on love's ashes

9

Un camino sobre la luna
abre un mundo en mi memoria
incendia un cuerpo de posibilidades

9

A path on the moon
opens a world in my memory
a body of possibilities burns

10

En la noche
cuando viaja otra alma
dentro de mi cuerpo
cava
ensancha un misterio

10

At night
when another soul travels
inside my body
it digs
intensifies a mystery

11

Las cuerdas están afinadas
bajo el puente y sobre la piel
una luna roja
hace arder la música y el agua

11

The strings are tuned
under the bridge and on the skin
a red moon ignites music
and water

12

En el mar del norte
las gaviotas acarician una piel morena
se inundan de su canto
antes del placer

12

In the North Sea
seagulls caress a dark skin
before pleasure
they flood themselves in song

13

Amor
Hielo
Miradas con equipaje

13

Love
Ice
Gazes with luggage

14

Entre tus ojos dos mundos
uno que incendia el papel
otro que diluye
la eternidad las caricias

14

In your eyes two worlds
one that burns paper
another that dilutes caresses
into eternity

15

Tu pecho agita los grillos
noche de verano
tu beso encandila los abrazos

15

Your chest incites crickets
summer night
your kiss dazzles
embraces

16

Con el rostro mojado espero tus abrazos
con la piel de invierno
los papeles de tu ausencia

16

With my wet face
I wait for your embrace
with my winter skin
for the papers of your absence

17

Durante la noche
la voz amante
no halla silencio ni morada

17

At night
a lover's voice
finds no silence
and no home

18

Trasladarse al mundo
con un equipaje inundado de hojas
y las piedras entre la cabeza y los bolsillos

18

A move to the world
means a bag flooded with leaves
and stones
between head and pockets

19

El pecho derrama hielo
no persigas mi sombra que intenta huir
de su camino
y de tus manos

19

My chest spills ice
do not chase my shadow trying to escape
its path
and your hands

20

Caminar
perder el mundo
ver huellas de las nubes
contar historias en mi rostro

20

To walk
to lose the world
to see traces of clouds
tell stories on my face

Sobre el traductor / About The Translator

Octavio Quintanilla es autor del poemario *If I Go Missing* (Slough Press, 2014). Sus poemas, traducciones y fotografíashan aparecido en revistas literarias como *Salamander, RHINO, Alaska Quarterly Review, Peregrinaje, Green Mountains Review, Southwestern American Literature, The Texas Observer, Existere: A Journal of Art & Literature* y en varias más. Su poesía visual se encuentra en las publicaciones *Poetry Northwest, Gold Wake Live, Newfound, The American Journal of Poetry, Chachalaca Review* y *Twisted Vine Literary Arts Journal.* Sus Frontextos han sido exhibidos varias galerias de arte en Texas. Se doctoró en University of North Texas y esprofesor de literatura y escritura creativa en el programa de MA/MFA en Our Lady of the Lake University de San Antonio, Texas. El 3 de abril del 2018, recibe el título Poet Laureate de la ciudad San Antonio, Texas. Encuentralo en Instagram: @writeroctavioquintanilla o en su website: octavioquintanilla.com

Octavio Quintanilla is the author of the poetry collection, *If I Go Missing* (Slough Press, 2014). His poetry, fiction, translations, and photography have appeared in journals such as *Salamander, RHINO, Alaska Quarterly Review, Pilgrimage, Green Mountains Review, Southwestern American Literature, The Texas Observer, Existere: A Journal of Art & Literature,* and elsewhere. You can check out his visual poems in *Gold Wake Live, Newfound, Chachalaca Review* and *Twisted Vine Literary Arts Journal.* His visual work has been featured in the art galleries in Texas. On April 3, 2018, he was appointed Poet Laureate of San Antonio, TX. Octavio earned his PhD at University of North Texas and teaches Literature and Creative Writing in the M.A./M.F.A. program at Our Lady of the Lake University in San Antonio, Texas. Find him on Instagram @writeroctavioquintanilla or visit his website: octavioquintanilla.com

www.ingramcontent.com/pod-product-compliance
Lightning Source LLC
Chambersburg PA
CBHW021238090426
42740CB00006B/585